Adhérons, Militons, Réformons !

Pourquoi rejoindre les Républicains ?

Maxence Trinquet

Préface de Stéphane Berroyer

Adhérons, Militons, Réformons !

Pourquoi rejoindre les Républicains ?

Éditions BoD

Éditeur : BoD-Books on Demand, 12/14 rond point des Champs Élysées, 75008 Paris, France
Impression : BoD-Books on Demand, Norderstedt, Allemagne
ISBN : 978-2-322-03804-6
Dépôt légal : septembre 2015

Sommaire

Préface..*P3*
Introduction...*p13*

Adhérons...*p17*

Militons..*p27*

Réformons..*p35*

Conclusion..*p76*

Préface de Stéphane Berroyer

Le soir du 15 mars 2012 j'écrivais ce petit message.

"Monsieur le président,

Cher Nicolas,

Comme en 2007, dès aujourd'hui et tout au long des semaines qui viennent, je me battrai à vos côtés pour faire gagner la France de nouveau au soir du 6 mai 2012.

Les grandes victoires viennent de la raison, de nos convictions, mais aussi du cœur.

Je suis fier et heureux de faire ce bout de chemin auprès de vous.

Fidèle à vos côtés depuis 1992, fier d'être Sarkozyste, de toute mes forces je crois en la victoire.

Amicalement."

~ On n'est tenu, en toute rigueur, d'être fidèle qu'à ce à quoi on s'est engagé.

UNE PASSION POLITIQUE

Je suis un militant depuis l'âge de 15 ans dans le quartier latin à Paris.

Je peux dire que j'ai été initié au militantisme par mon père, je suis allé sur le terrain et comme tant d'autres jeunes, j'ai été pris de passion pour la politique en restant libre de mes opinions.

Bien sûr j'ai été longuement un soutien de Jacques Chirac en tant que Maire de Paris et lors de différentes élections. Le cinquième arrondissement était son fief électoral et celui de mon député-maire de l'époque Jean Tiberi.

D'aussi loin que je me souvienne j'ai toujours baigné dans le monde politique. Loin d'être sectaire, j'ai toujours considéré que l'on apprenait beaucoup de ses rencontres. Mais des rencontres, il y en a qui changent la vie !

En 1992 j'ai eu l'occasion et le plaisir de rencontrer Nicolas Sarkozy et je pense qu'à ce moment-là une nouvelle page de ma vie de militant allait s'écrire - pour longtemps- auprès de cet homme qui sera plus tard notre président de la République.

Lors de la campagne présidentielle de 1995 il a fallu comme tant d'autres militants que je fasse un choix entre deux candidats Jacques Chirac que je soutenais sur le terrain depuis tant d'années et la candidature d'Édouard Balladur qui était premier ministre depuis 1993. Comme Nicolas Sarkozy, mon choix s'était porté sur le nom de Édouard Balladur et je puis dire qu'aujourd'hui encore je ne regrette rien.

Puis, Nicolas Sarkozy s'est démarqué dans une lutte forte contre la délinquance en tant que ministre de l'intérieur et en redonnant un nouveau souffle à notre famille politique lorsqu'il était président de l'UMP 2004.

Depuis toutes ces années je peux dire que je suis devenu un fidèle sarkozyste.

Bien sûr tout le monde connaît la personnalité de Nicolas Sarkozy. Il n'a, comme tout le monde pas que des qualités, mais je pense qu'avec le temps il a appris à le reconnaître. C'est un homme politique d'exception qui dégage une certaine grandeur de ce que j'appelle « faire de la politique pour l'intérêt de son pays ». Un homme qui fait preuve d'autorité, de courage et d'un dynamisme qui fait joie de militer à ses côtés et pour notre famille politique encore aujourd'hui sous le nom des Républicains !

Il faut le dire, Nicolas Sarkozy a connu, à cause de son dynamisme et de son envie de réformer, beaucoup d'ennemis de l'extérieur, bien sûr, mais aussi parfois intérieur. Alors c'est à nous les militants, de faire notre devoir en étant fidèles à notre famille politique et fidèles envers les hommes pour qui l'on s'engage.

L'élection de 2012 a été celle de la défaite de la France. Alors que Nicolas Sarkozy a dit la vérité aux Français, François Hollande leur a dit ce qu'ils voulaient entendre.

Trois ans après nous voyons les

conséquences désastreuses de ce choix.

Face au socialisme, Nicolas Sarkozy reste pour moi le meilleur de ce que notre pays peut attendre pour son avenir. Un homme qui a appris de son quinquennat et a su par son silence après la défaite de 2012 reconnaître certaines de ces erreurs. Il a observé et écouté et est revenu pour notre famille qu'il fallait déjà reconstruire après différentes divisions, mais aussi pour la France de demain s'il est l'élu de notre famille *les Républicains* lors de la primaire en 2016 pour la présidence de la République de 2017.

Je ne fais pas partie des personnes qui l'ont critiqué et abandonné dès le lendemain du 6 mai 2012. Je pense que dans la vie politique il faut avoir un minimum de devoir et de respect surtout quand on l'a soutenu en 2007 et en 2012 et que l'on a mangé dans "la même gamelle", si je puis dire.

Alors oui, aujourd'hui, comme pour de nombreux militants, je reste fidèle et loyal à un homme et à mes convictions ainsi qu'à un discours que je pense être le meilleur pour la reconstruction de notre famille et pour le rassemblement de notre pays afin que la France avance enfin.

Cet homme s'appelle Nicolas Sarkozy il a tout mon soutien et mon amitié.

Avec le temps jamais je n'ai pensé que le choix que j'avais pris un jour avait été une erreur dans l'engagement de ma fidélité envers lui . Mais la seule fidélité à laquelle on doit s'engager et qui a peut-être un sens, est cette de l'être à soi-même.

Chers lecteurs, vous l'aurez compris je m'adresse ici largement à tous les fidèles qui ont un jour de près ou de loin participé à construire notre famille politique. Aujourd'hui, les républicains ont besoin de vous. Mais je veux aussi m'adresser à la jeunesse, aux nouveaux venus, aux futurs talents, qui doivent apporter leurs pierres à l'édifice des républicains comme le suggère très bien Maxence Trinquet dans cet ouvrage. Alors, tous ensemble adhérons, militons, et réformons la France !

> Stéphane Berroyer
> Fidélité - Loyauté - Amitié

Introduction

Un mouvement politique qui s'adresse à tous les Français. Jamais, depuis l'époque du Général de Gaulle une telle aventure n'avait été tentée !

Qu'il s'agisse de François Hollande qui en 2012 s'adressait au "peuple de gauche", de Manuel Valls qui a pris le relais depuis, de l'extrême gauche qui veut rétablir les luttes des classes ou même de l'extrême droite qui n'arrange rien aux tensions qu'endurent les Français, *Les Républicains* sont aujourd'hui, les seuls qui incarnent une alternative crédible à la politique du Parti socialiste.

Nicolas Sarkozy a été Président de la République, Président de l'Union européenne, Président du G20, il est demandé dans le monde entier, pourtant il a fait le choix de ne pas abandonner notre famille politique en revenant la diriger pour qu'elle soit en mesure de proposer l'alternance à tous les Français !

Depuis le 29 novembre 2014, j'ai vu un Nicolas Sarkozy qui a fait du rassemblement son principal leitmotiv, parfois même à son propre détriment ! Nicolas Sarkozy a ensuite voulu faire exister l'opposition qui était malheureusement inaudible depuis la crise qu'elle traversa en novembre 2012.

Aujourd'hui, l'heure est venue du rassemblement de tous les Français autour du projet ambitieux qu'incarne notre nouveau mouvement !

Mon livre se compose de trois étapes. Tout d'abord la vague d'adhésions que nous devons contribuer à faire monter tout au long de l'année 2015, puis viendra l'année du militantisme en 2016 pour convaincre que notre projet constituera le rempart face au désastre socialiste. Enfin, viendra le temps de l'action si nous réussissons à être aux commandes du pays, en réformant de fond en comble la France pour qu'elle réponde enfin aux défis du monde du XXIe siècle.

Il n'y a donc plus de temps à perdre, rejoignez *les Républicains* pour apporter votre pierre à l'édifice !

Adhérons

En adhérant à ce nouveau parti politique, on participe à cet élan national en vue du redressement de notre pays.

Rares sont les partis nés d'un appel ! En effet, *les républicains* étaient créés une journée après l'appel du 29 mai 2015. C'était un appel à l'unité, au rassemblement pour créer les conditions de l'alternance que nous devions incarner ! Un appel à tous ceux qui voulaient encore se battre contre le pouvoir socialiste, contre cet immobilisme qui mine Notre pays depuis plus de trois ans ! Un appel pour ceux qui veulent refuser le défaitisme et le fatalisme et qui ont souhaité que la France retrouve la digne place qui doit être la sienne. Et aujourd'hui, on peut dire que l'appel fut entendu car avec une moyenne de 1000 adhésions quotidiennes, force est de constater que beaucoup de français – et de plus en plus espérons-le – croient encore en leur pays et à sa capacité à se redresser. C'est donc ce qui fait de notre nouvelle formation un parti assez inédit puisque cet appel, gravé dans le marbre tel une constitution est un message d'espoir et surtout puisqu'il est adressé à tous les Français, sans exception ! Cela contraste donc bien avec la plupart des autres partis politiques qui se sont succédés tout au long des 30 dernières années. Rassembler les français plutôt que son camp, voilà l'ambition des *républicains*. Voilà encore une différence avec le pouvoir socialiste!

Nous sommes donc aujourd'hui le premier parti d'opposition de par notre force de propositions, et le premier parti de France en terme d'adhérents. Cette place, nous la devons à Nicolas Sarkozy.

Enfin, nous sommes le premier parti politique ancré dans le XXIe siècle, puisque loin de dicter les thèmes et positions à ses militants il les écoute et s'est fait leur porte-parole par l'application « Direct citoyen » qui consulte régulièrement les adhérents sur la ligne de notre mouvement. Nous sommes donc un parti horizontal par l'écoute et moderne par ses structures, tout l'inverse du parti socialiste où l'heure des motions n'est toujours pas révolue et où leur premier secrétaire fut choisi par quelques « apparatchiks » de la rue de

Solférino !

La Fin de l'UMPS

En créant *les Républicains*, Nicolas Sarkozy a, d'un point de vue sémantique, réussi pleinement sa stratégie en faisant, de fait, cesser l'insupportable et mensongère caricature dont Marine Le Pen nous affublait. Bien plus, c'était une insulte, car nous n'avons rien en commun avec le Parti socialiste qui assomme fiscalement les Français, qui dépense l'argent du contribuable sans compter en embauchant toujours plus de fonctionnaires alors que la plupart des pays européens en réduisent leurs nombres, les socialistes qui promettent une baisse de chômage qui n'arrivera jamais tant qu'ils continueront à décourager les entrepreneurs, ces mêmes socialistes dont l'inaction fut le maître-mot en matière de politique internationale qui mit en lumière le manque flagrant de leadership de la France – en témoigne le conflit ukrainien, contrastant avec la deuxième guerre d'Ossétie du Sud où Nicolas Sarkozy évita un massacre entre la Russie et la Géorgie ! – quant à la politique en matière d'immigration, tout comme celle en matière de lutte contre la délinquance, c'est un désastre. Voilà pourquoi nous n'aurons jamais rien en commun avec le Parti socialiste ! En revanche, le Parti socialiste, lui, est le complice du Front national. C'est ce qu'a révélé au grand jour Nicolas Sarkozy en parlant de FNPS. Car le FNPS existe bel et bien, puisqu'à chaque fois que les électeurs votent massivement pour le Front national et excluent de fait un de nos candidats, le parti socialiste remporte dans l'écrasante majorité des cas l'élection face au parti frontiste. Les conséquences n'en sont que plus dramatiques puisque les électeurs ont voté à « la droite de la droite » pour s'opposer au parti socialiste et ils se retrouvent finalement avec les mêmes qu'ils ont voulu exclure. Voter pour *les républicains*, c'est mettre fin à cette forme d'immobilisme !

Un parti à l'écoute

Depuis un an, le siège du parti à enfin redonné signe de vie. Ce n'est plus un siège fermé, froid, mais presqu'une maison secondaire, celle de tous les militants. En effet, on peut y passer lorsqu'on le souhaite en y étant toujours bien reçu. De surcroît, tous les cadres du parti assurent quotidiennement les permanences - et parfois même Nicolas Sarkozy lui-même - afin de recueillir les doléances, de percevoir les attentes et d'écouter les propositions de ceux qui font vivre le parti.

Enfin, Dès le mois de janvier 2015 Nicolas Sarkozy a mis en place le comité des anciens premiers ministres de notre famille politique. Tous ont accepté d'y participer, y compris Dominique de Villepin dont les relations avec Nicolas Sarkozy n'étaient pas au meilleur de leur forme. Les deux hommes ont su laisser leurs sentiments de côté afin de se mettre au service de notre pays. N'est-ce pas à cela que l'on reconnaît les hommes d'État ?

Nicolas Sarkozy aurait donc pu continuer sa « dolce vita » de conférencier, il aurait pu revenir en sauveur de la France seulement quelques mois avant l'élection, il aurait pu attendre et faire voter les adhérents sur la tenue d'une primaire – celle-ci aurait bien entendu été refusée par les militants – il aurait pu laisser son parti dans le déplorable état où il se trouvait et ne surtout pas se mouiller en jouant la carte de l'homme d'Etat, pourtant il a fait le choix courageux de revenir s'abaisser dans l'arène politique pour rassembler un parti qui deux ans auparavant voyait ses responsables régler leurs comptes devant tous les Français. Ce ne fut pas chose aisée. Après avoir rassemblé notre famille politique, Nicolas Sarkozy a souhaité la rendre audible, c'est désormais chose faite. Puis, est venu le temps de la première rencontre avec les Français lors des élections départementales où le succès fut au rendez-vous, confirmant par la même occasion le cap voulu par notre Président. Enfin, il y eu l'heure de la refondation de notre parti qui s'est vu transformé de fond en comble, notamment dans ses organes représentatifs et dans l'écoute de ses militants. Tant de batailles nous attendent encore, alors n'abandonnons pas ce formidable élan d'espérance collective, adhérez et faites adhérer dès à présent aux *Républicains* !

Militons

De ces milliers de nouveaux adhérents que le retour de Nicolas Sarkozy a suscité, il faudra en faire des militants. Voilà l'ambition qui doit être la nôtre ! Les français doivent s'engager car ce serait sinon ne pas être fidèle à l'Histoire de notre pays qui s'est toujours caractérisé par la vive passion politique de son peuple ! Mais être militant, c'est être encore un peu plus citoyen, surtout lorsque l'on est chez *les Républicains* !

Le rôle du militant redéfini

À l'intérieur de notre nouveau parti, le militant a vu sa place réinventée ! Le militant n'est plus seulement un soldat comme le veut son étymologie mais c'est un vecteur de propositions à part entière. En effet nous pouvons désormais voter régulièrement sur la ligne du parti grâce à l'application « direct citoyen », certains ont une place à la commission des finances des *républicains* et des élections auront lieu régulièrement. La plus grande crise que la politique traverse c'est bel et bien la crise du manque d'idées. C'est par notre *brainstorming* que nous feront apparaître les richesses ainsi que les talents de notre famille politique et que nous sortirons la France du marasme économique social et dépressif qu'elle traverse.

Élever le débat public

Notre sphère publique souffre de plus en plus du manque de réflexion, du manque d'analyse et surtout le manque d'idées. Certes le prêt-à-penser servi par les médias ainsi que ses dizaines de commentaires d'experts – qui n'ont d'expert que le nom – n'a pas contribué à élevé ce débat.

Mais ce qui nous empêche le plus de nous élever c'est le manichéisme qui nous est servi en permanence. Non tout n'est pas tout blanc ou tout noir! En matière diplomatique par exemple il faut considérer que certains problèmes sont plus complexes. Prenons l'affrontement entre la Russie et Ukraine. La France aurait pu éviter cet affrontement inutile avec la Russie sans pour autant faire affront aux États-Unis.

De la même manière, il faut arrêter de dresser les français les uns contre les autres en les enfermant dans cet obsolète clivage droite/gauche !

Oui, on peut faire partie d'une formation politique de droite et parler d'écologie, parler des problèmes sociaux car les socialistes n'ont pas le monopole du social et ils l'ont bien prouvé ! Il ne s'agit pas de soutenir la thèse visant à démontrer qu'il n'y a pas de différence entre la gauche et la droite, mais il est nécessaire de souligner le fait que les partis ne sont plus des cartels et ne sont plus les partis de la IIIe République où les idéologies s'affrontaient brutalement. Les partis d'aujourd'hui se doivent de ne pas s'adresser au peuple de droite ni au peuple de gauche mais au peuple de France. Le constat est simple, le seul mouvement en mesure de rassembler tous les Français est un parti refait à neuf, renouvelé dans son ensemble, dans ces instances, dans son organisation et dans ses idées. Ce seul parti, c'est *les républicains* !

Mettre fin à la pensée unique voilà la plus grande tâche qu'il nous reste accomplir!

Notre nouvelle formation politique sait les souffrances de la France, elle n'entend pas les nier, mais notre devoir est de convaincre les Français du drame que serait la victoire du Front National aux prochaines élections, sans pour autant juger leurs électeurs, ce que la gauche s'adonne tant à faire. Souvenez-vous de Manuel Valls qui avait osé dire aux électeurs du Front National que leur vote était immoral ! Nicolas Sarkozy n'a jamais fait de leçon de morale aux électeurs du Front National car il sait qu'ils aiment la France, et c'est parce qu'il ne les juge pas, parce qu'il veut leur parler qu'il souhaite les mettre en garde sur l'impasse que constituerait ce parti.

Un parti politique, certes doit être vecteur d'idées, de talents et d'élus, mais il doit surtout représenter l'ensemble de la population française. Voilà ce que doit être un parti où chacun apportera sa précieuse pierre à l'édifice, où chacun partagera ses idées, son expérience, pour qu'ensemble nous montrions que nous sommes les seuls à comprendre les Français et ainsi nous pourrons dire sans avoir à rougir ce qu'ils penseront et de ce qu'ils voudront ! Nous serons alors le vrai et le seul parti de France !

Un parti ouvert sur le monde

Pendant sa retraite de la vie politique active, Nicolas Sarkozy, demandé dans le monde entier a parcouru les cinq continents et a ainsi pu être un observateur aguerri de la planète. Sa conviction que la France devait être ouverte sur le monde n'en a été que renforcée. Il en va de même pour notre parti. C'est pourquoi, à peine élu président de notre famille politique Nicolas Sarkozy s'est envolé à Berlin pour rencontrer la chancelière Angela Merkel. C'est pourquoi Nicolas Sarkozy multiplie les déplacements à Bruxelles pour représenter notre parti au sommet du PPE. Enfin, c'est aussi pourquoi Nicolas Sarkozy a voulu mettre en place des groupes de travail avec les autres partis européens affiliés au PPE. Notre mouvement disposera ainsi d'un vaste réseau de travail commun aux autres droites européennes. Quel autre parti Français peut s'en targuer?

Réformons

Une fois l'élection présidentielle et les législatives passées, notre famille politique se mettra immédiatement au travail. Ce sera l'heure des réformes ! Voici donc quelques grands thèmes qui devront retenir notre attention.

La Croissance

D'après le programme de François Hollande datant de 2012 la croissance en France devait être aujourd'hui de 3 %. Que constatons-nous ? Elle stagne à près de zéro. Et cela n'a rien d'étonnant ! Si tous les entrepreneurs, qu'ils soient des PME ou des grandes entreprises sont victimes du matraquage fiscal organisé par le pouvoir socialiste depuis trois ans, cela n'a rien d'étonnant puisque le goût d'entreprendre n'est pas érigé en valeur mais en objet de méfiance. Comment ces milliers d'entrepreneurs à travers le monde pourraient avoir confiance en la France pour investir ?

Face à ce rejet de l'entreprise, nous devons au contraire défendre cette liberté fondamentale qu'est le fait de bâtir une société. Nous devons donner une plus grande liberté aux chefs d'entreprises en facilitant l'embauche, en réduisant massivement les charges trop importantes qui pèsent sur les salariés qu'ils embauchent et enfin stopper ce matraquage fiscal. Ainsi, nous pourrons retrouver ce que nous avons perdu depuis trois ans, l'intime lien de confiance entre la France et ses entrepreneurs.

Entreprendre en France

Entreprendre en France est devenu – surtout depuis trois ans – un véritable parcours du combattant. Nicolas Sarkozy avait voulu lorsqu'il était président créer le statut d'auto entrepreneur afin de permettre à chacun de pouvoir créer son entreprise par des règles simples. Mais aujourd'hui avec le chômage qui ne cesse de croître depuis 3 ans, il faut rappeler avant tout que c'est par l'entreprise que nous réussirons à recréer de l'emploi et à faire naître chez chacun – notamment les plus jeunes – le goût et l'envie d'entreprendre. Il faut plus de flexibilité dans les embauches afin de débloquer, de déverrouiller cette situation. Regardons nos voisins allemands où les charges qui pèsent sur les salariés sont moins importantes qu'en France. Il faut amorcer une baisse de charges pour encourager les entreprises afin qu'elles embauchent. Il faut également rétablir les heures supplémentaires pour gagner en productivité. Enfin, il faut simplifier les articles du code du travail qui comptent 11 000 articles, en réduire leur nombre comme cela avait été initié par Nicolas Sarkozy avec la loi TEPA en 2007. Nous devons faire la plus grande confiance aux chefs d'entreprises puisqu'ils ont les clés de l'emploi en France.

Mais bien plus que cela, Alors que la gauche ne cesse de s'en prendre aux médecins, aux notaires, aux avocats , nous devons incarner la force qui défendra les professions libérales, symboles de la liberté. Non, le médecin n'a pas vocation à être fonctionnarisé ! Non, le notaire ne doit pas sacrifier une majeure partie de ses revenus pour l'État ! Et non, l'avocat ne doit pas rompre avec son indépendance !

Voilà comment entreprendre en France ne sera plus le parcours du combattant mais une activité à laquelle chaque Français pourra aspirer.

Logement, propriété

Toujours en ce qui concerne la liberté, l'accession à la propriété doit être une valeur cardinale. À l'image du « PTZ + » initié par Nicolas Sarkozy et François Fillon en 2010 qui encourageait alors les Français à devenir propriétaire, ces mesures doivent être prises incessamment, le levier doit être actionné pour encourager les Français à accéder à la propriété. Pourquoi ne pas recommencer l'opération en faisant en sorte que l'État prête, non pas à taux zéro mais à des taux minimes, afin que les Français investissent massivement ce domaine. C'est aussi une des clés de la relance.

Vers un (vrai) choc de simplification

Que reste-t-il du « choc de simplification » de François Hollande ? Rien ! Alors que Nicolas Sarkozy, dès les premières heures de son quinquennat a fortement diminué le nombre d'articles du Code du Travail, l'actuel gouvernement a eu la « brillante » idée de créer une fonction de « ministre chargé de la simplification », ministre dont le plus grand exploit est d'avoir simplifié les fiches de paye en en réduisant le nombre de lignes, qui reste d'ailleurs toujours plus élevé qu'en Allemagne ou en Angleterre ! Il est donc de notre devoir de poursuivre la tâche que nous avions jadis entrepris en diminuant de moitié le nombre d'articles inscrits dans le Code du Travail. Il est également impératif de réduire le nombre de contraintes qui pèsent sur les Petites et Moyennes Entreprises (PME) et sur les artisans, moteurs de notre économie. Ces réglementations à outrance, sont perçues comme des charges et finissent par devenir un frein à la liberté d'entreprendre. La liberté n'est-elle pas la première valeur universelle dont la République fait l'éloge ? Voilà pourquoi, nous, *les Républicains*, devons défendre ce principe de toutes nos forces.

Enfin, il nous faudra adapter notre mode de travail à notre temps. En effet, qui ne se souvient pas de ce boulanger qui fut sanctionné parce que son seul tort était de travailler toute la semaine ? (Nicolas Sarkozy l'avait d'ailleurs reçu au siège de notre parti pour lui témoigner son soutien!) Parce que nous avons toujours défendu la valeur travail, nous devons plus que jamais encourager à travailler ceux qui le souhaitent. Néanmoins, sur ces sujets, il faut raison garder. Il serait en effet illogique de défendre les racines, l'identité de la France et dans le même temps briser le jour sacré que représente le dimanche, comme la fameuse « loi Macron » qui encourage presque à travailler un dimanche sur deux ! Ne pas banaliser ce jour doit être notre maître-mot, car une société a besoin de repères. Les repères demeurent, ils sont immuables. La société évolue, mais certaines traditions, certaines valeurs perdurent, comme ce moment de communion religieuse ou même de communion familiale qu'est le dimanche. La laicité, la famille. Voilà aussi deux valeurs que nous défendons et voici donc pourquoi il ne nous est pas permis de les entraver. Cependant, certaines personnes souhaitent travailler le dimanche, nous ne devons pas fermer les yeux devant leurs attentes. Les commerces de proximité, les lieux touristiques sont essentiels pour l'économie de notre pays, on ne peut leur interdire de travailler, d'autant plus qu'ils nous sont bien utiles dans la vie courante et dire le contraire serait hypocrite. Ainsi donc, notre objectif doit être le suivant : autoriser sans contraindre. Tout le contraire du Parti socialiste qui s'attira d'ailleurs pour cela – et pour tant d'autres raisons – les foudres de l'extrême gauche qui pourtant l'a conduit au pouvoir « sans aucune condition » comme disait monsieur Mélenchon le soir du premier tour de l'élection présidentielle de 2012 et qui semble avoir perdu la mémoire depuis !

La laïcité

La laïcité sera un thème porteur dans les échéances à venir. En effet, elle est la clé du vivre ensemble. À condition bien sûr que nous ayons tous la même conception de la laïcité. Nous, *les républicains*, devons croire en ce que Nicolas Sarkozy avait appelé de ses vœux, une *laïcité positive*, ce qui signifie une laïcité qui n'est pas un laïcisme, c'est-à-dire qui ne rejette pas nos racines chrétiennes qui ont fait de notre grande et belle France ce qu'elle est, et qui accepte dans le même temps toutes les religions. Bien sûr, cette conception de la laïcité n'est pas le rejet des religions mais au contraire leur acceptation qui n'est pas à expliquer aux chrétiens ou aux juifs, mais à une partie des musulmans. Bien sûr, ils sont parfaitement intégrés pour une grande partie, mais c'est aussi notre devoir que de dénoncer le fait qu'il existe une partie de Français issus de l'immigration qui ne souhaite pas s'intégrer. Souvenons nous de cette émission où le Président de la République était invité à rencontrer des jeunes, et où ces jeunes l'ont interpellé à la fin pour lui parler, non pas de la grandeur de la France, non pas de leur avenir mais du passé entre la France et l'Algérie ! La réussite de l'intégration est intimement liée au sentiment commun d'appartenance à la France que nous devons faire naître chez chacun d'où qu'il vienne. Et ce n'est pas en reniant nos racines chrétiennes, ce n'est pas en reniant nos grands rois, que nous arriverons à nous construire un avenir bâti sur des fondations solides et pérennes.

La Sécurité

La sécurité est un sujet sur lequel nous ne devons pas faire de politique car cela concerne l'ensemble des Français. Pour lutter efficacement contre la délinquance, il faudra rétablir les peines plancher qui ont réduit les états de récidives légales de la part des délinquants, il faudra bien sûr encourager les villes dotées de polices municipales à armer leurs agents et à travailler avec une plus étroite collaboration entre les services de police locaux et nationaux. Mais, de par les événements que la France a pu à connaître ces derniers temps, il faudra un engagement total contre le terrorisme. La menace terroriste est bien présente, il ne faut pas la nier et employer toutes nos forces à la combattre. Quand on pense qu'en ce mardi 13 novembre 2012, Manuel Valls, alors ministre de l'Intérieur, qui ne voulait sans doute pas justifier ses mauvais chiffres, accusa la droite d'être à l'origine du retour du terrorisme en France. Nous ne commenterons pas. En revanche, plaidons pour la création de centres de dé-radicalisation, plaidons pour l'isolement total des détenus terroristes, plaidons aussi pour faire de la consultation de sites internet terroristes sans justification valable une infraction pénale. Enfin, plaidons pour une meilleure efficacité du fichage électronique, car il paraît improbable qu'on suive un individu sans intervenir jusqu'au jour tragique où il s'en prendra aux Français, donc à la nation française toute entière. Débloquons les heures supplémentaires pour les fonctionnaires de police afin que la surveillance se relâche le moins possible. Nous ne pouvons pas attendre 2017 pour mettre ces propositions en œuvre, ils faut donc faire pression sur le gouvernement pour qu'il aille dans ce sens.

Les prisons

La prison doit retrouver une forme dissuasive. En effet, la prison doit faire peur. Elle ne doit pas être un lieu où les délinquants et les criminels y entrent pour un temps et y ressortent pour commettre à nouveau les mêmes infractions. Aujourd'hui, comment peut-on accepter que la prison soit le lieu où un délinquant apprend à se former pour commettre d'autres infractions ? Comment peut-on accepter que la prison soit également le lieu où certains détenus deviennent des terroristes ? La réponse doit être ferme, un isolement pour ces détenus. Enfin, Comment pouvons-nous acceptez ce laxisme ambiant qui tend à limiter les peines de prison ce qui revient pour la justice a juger selon le nombre de places de prisons alors que nous devrions faire l'exact contraire en construisant plus de prisons si nous avons plus de délinquants. Tous les experts s'accordent sur une chose; il y a 30 000 places de prison manquantes en France ce ne sera sans doute pas la promesse la plus difficile à prendre, construisons donc 30 000 places de prison ! Quant à la question des dépenses, pourquoi ne pas généraliser les travaux d'intérêt général non pas à la place d'une peine de prison mais accompagnés d'une peine de prison. Cela rentabiliserait sans doute les moyens mis à disposition des détenus.

Mais les victimes, sont les éternelles oubliées. Nicolas Sarkozy a toujours été attaché à ce qu'il appelait le statut de la victime. Car il est vrai que tant de moyens sont déployés pour les coupables, bien évidemment pour la sécurité de la société, mais nous ne pouvons accepter que les victimes soient laissées sur le bord de la route sans assistance médicale, psychologique et sans signe de l'État. Quel serait l'Etat qui se soucierait plus des criminels que de ceux qui en ont été les malheureuses victimes ? Le statut du droit de la victime était un engagement de Nicolas Sarkozy en 2012, mettons donc la victime au cœur du système pénal.

L'immigration clandestine

Le drame des migrants doit faire prendre conscience à l'Union européenne de ses faiblesses. Il nous faut réagir avec humanité – la France n'est-elle pas la patrie des humanistes ? – mais aussi avec la plus grande fermeté. Cette dernière affirmation peut paraître antinomique, mais c'est pourtant là que se trouve une des issues du problème. En effet, lutter contre les filières clandestines organisées par des passeurs sans scrupules ou encore dissuader les migrants de venir s'installer dans notre pays, et même ne pas instaurer des quotas de migrants par pays, c'est faire preuve d'humanité ! Car accueillir à tout va sans en avoir les capacités c'est au contraire être irresponsable ! Traiter le problème à la source, voilà ce qu'il nous faut faire ! Arrêter et dissuader les passeurs dans leurs pays.

Ensuite, il est nécessaire de rappeler la distinction entre les migrants économiques et les réfugiés politiques. Le migrant économique vient par choix car il souhaite améliorer sa situation, contrairement au réfugié politique qui est menacé de mort si on le renvoie dans son pays d'origine. Le migrant économique qui a déjà posé le pied sur le sol français doit bien évidemment être pris en charge dignement mais il n'a pas vocation à rester sur notre territoire, il doit donc être reconduit à la frontière incessamment après son arrivée. Concernant la situation du migrant politique, il doit respecter les règles en demandant asile politique à la France, mais avant de franchir le seuil de notre frontière ! Car aujourd'hui, que faisons-nous des demandeurs d'asile sur notre territoire ? Rien, puisqu'un demandeur d'asile ne peut travailler ! L'argent de l'Etat est donc dépensé pour les soins et les logements sans aucune contrepartie. Il faut donc cesser cette situation – qui peut durer plusieurs mois – où la France héberge des hommes et des femmes qui n'ont aucun statut. En revanche, il faut rendre plus performante la procédure d'obtention de ce statut.

Mais un problème bien plus grand apparaît avec ce drame, c'est la question des frontières.

Dès 2012 Nicolas Sarkozy avait alerté les Français pendant la campagne présidentielle sur la nécessité de réformer les frontières. Réformer Schengen et renégocier de nouveaux accords au niveau européen afin de lancer ce que l'on appelle un « Schengen II ». Certes, il ne s'agit pas de revenir sur l'idéal qu'est la libre circulation des marchandises, mais de nouveaux problèmes ont émergé depuis 20 ans. Aujourd'hui à cause de Schengen, une concurrence parfois déloyale est subie par les entreprises françaises où des camions traversent toute la France sans participer à son économie. Bien sûr, s'étendre vers toute l'Europe, ouvrir les marchés est une ambition remarquable, mais la réalité est là, la libre circulation des hommes et des marchandises entraîne également la libre circulation des terroristes et des armes ! Il faut donc renforcer nos frontières – sans les fermer – et faire en sorte que la France soit le pays qui dirigera ses voisins sur cette question essentielle afin que l'union européenne se dote enfin d'une politique commune en matière d'immigration.

Mais ces mesures sont conjoncturelles. Pour mettre fin durablement à cet afflux massif de migrants, il faudra dans les pays dont les réfugiés politiques sont originaires, intervenir militairement, comme en Irak où l'État islamique persécute les chrétiens et les autres minorités ou comme en Syrie ou ces mêmes islamistes radicaux sèment la terreur. Quant aux pays d'origine des migrants économiques, il faudra intervenir économiquement pour l'aide à un développement pérenne. Mais si l'on observe ces deux catégories, l'on peut remarquer que dans chacun des cas, la finalité doit être, à terme, le retour de ces personnes dans leurs pays d'origines.

Défense

Il faudra s'engager à ne pas réduire le budget de nos armées. Nos soldats font un travail plus que remarquable, ils sont les apôtres du peuple de France qui transmettent à travers le monde les valeurs séculaires que nous véhiculons. Leur combat a un sens ! Se battre pour les libertés, pour instaurer la démocratie, et même pour constituer un rempart contre l'asservissement de l'homme et contre la barbarie, cela a du sens ! Nous sommes avec le Royaume-Uni, les deux armées de l'Union européenne qui sont les plus souvent sollicitées pour des interventions militaires, il paraît donc irraisonnable de maltraiter nos soldats. Bien au contraire, il faudra faire de la Défense, une priorité.

Enfin, il faudra investir dans le matériel le plus performant en privilégiant toujours ce qui est fabriqué en France et en Europe, à l'inverse de ce qui a pu être fait par le passé. Revaloriser nos soldats, investir dans l'excellence matérielle, voilà ce que sera notre armée moderne.

Rétablir l'union franco-allemande

La France et l'Allemagne sont les deux moteurs de l'Europe. De par leurs histoires communes, les affrontements que nous connûmes, une amitié est née depuis la paix. Cette amitié résista, elle transcenda tous les gouvernements, elle passa outre les hommes, mais depuis deux ans avec l'arrivée du pouvoir socialiste cette amitié a été rompue. Rompue par les incessantes déclarations de certains membres de la majorité présidentielle à l'encontre de la chancelière Angela Merkel ou encore rompue par les stratégies bien trop divergentes de regain de croissance ! Pourtant, le bon sens voudrait que l'on s'inspire de ce qui fonctionne, ce qui est le cas en Allemagne pour le chômage, pour la croissance ou bien même pour la fonction publique. Rappelons que nos amis d'outre-Rhin comptent moins de fonctionnaires alors qu'ils sont 15 millions de plus que nous ! Il faut que cette folie cesse, il faut que nous réussissions enfin à retisser les liens qui nous unissent en considérant les allemands comme des alliés et non comme des opposants.

L'Europe

L'Europe fait partie des valeurs de la droite, et plus précisément *des républicains*. En effet, notre président Nicolas Sarkozy a eu l'occasion de présider cette institution en 2008 lors de la présidence tournante. C'est au cœur de cette même année lorsque la crise s'abattit sur nous, qu'il a fait de l'Europe, non pas un idéal, non pas une invocation, non pas un prétexte mais au contraire une arme contre la crise. C'est par la force de tous les Etats européens réunis qu'il allait lutter corps et âme contre cette crise qui était désormais mondiale, avec pour objectif principal la redynamisation de notre économie par le renflouement massif des banques afin qu'elles puissent investir et que nous puissions influer sur leurs investissements afin que la relance s'opère le plus rapidement possible. C'est ce qui a été fait dans toute Europe, c'est ce qui a été fait en France. Mais aujourd'hui, alors que la crise devrait être loin derrière nous, le manque de réactivité du gouvernement socialiste français ralentit cette reprise qui pourtant est bel et bien présente dans la plupart des autres pays européens. L'Europe a besoin d'être considérée comme un moyen plutôt que comme un monstre, malgré ses défauts. Prenons l'exemple de Manuel Valls qui osa aller demander aux instances de l'Union européenne d'obtenir un report des exigences de Bruxelles dans la réduction des déficits publics en France. Quelle honte ! Quelle humiliation ! Toutefois, il est nécessaire, lorsqu'on est de bonne foi, de reconnaître sans la menacer que l'Europe a tout de même des errements qu'il nous faudra corriger. Du point de vue institutionnel, comme cela fut proposé précédemment il faudra enfin donner plus de poids au parlement européen élu par l'ensemble des peuples européens. Elle se rendrait crédibilisée. Il faudra aussi regrouper les transposition de directives européennes dans les blocs plutôt que de transposer de manière dispersée ce qui complique la tâche des parlementaires, mais ce qui se fait également ressentir quotidiennement sur les entrepreneurs qui peinent à investir du fait de ce manque de stabilité, ou encore sur les agriculteurs qui n'en peuvent plus de cet excès de norme. Alléger les Parlements nationaux, crédibiliser l'Europe, au fond, réconcilier l'Europe avec ses peuples. Voici l'ambition qui doit être une nouvelle fois la nôtre.

Le conflit israélo-palestinien

Le conflit israélo-palestinien est un conflit du XXe siècle. Il faut que la France saisisse rapidement l'occasion d'impulser une dynamique visant à la résolution de ce conflit qui a trop duré. À l'automne 2011 Nicolas Sarkozy proposait devant l'ONU la mise en place d'un calendrier qui prévoyait dans un premier temps, la reprise des discussions, puis un accord sur les frontières et sur la sécurité, et enfin aboutir à un accord définitif. Comme nous le savons, François Hollande est arrivé quelques temps après et la dynamique fut cassée. Remettons à jour ce calendrier en formant une véritable coalition coordonnée, unifiée pour négocier les conditions d'une paix durable.

Les Français établis hors de France

L'une des premières mesures de François Hollande fut contre les Français de l'étranger.

En effet, le gouvernement socialiste a supprimé la gratuité des lycées Français à l'étranger. La gauche aurait pu considérer que les Français établis hors de France contribuent à notre rayonnement à travers le monde entier, mais au lieu de cela dès le début de son quinquennat il fit payer les frais de scolarité à nos compatriotes qui habitent à l'étranger. Loin d'incarner la justice sociale dont elle se targue pourtant de faire la promotion, la gauche a créé les premiers lycées publics payants, tout simplement par ce qu'elle considérait qu'à partir du moment où on est établi à l'étranger on est nécessairement riche. Quel manque de réalisme!

C'est donc un point sur lequel nous devrons revenir. Rétablir la gratuité des établissements scolaires de la France à l'étranger parce qu'un pays qui maltraite ses "ambassadeurs" n'est pas digne.

Santé

Dans le domaine de la santé, il faudra tout d'abord réorganiser les hôpitaux en mettant fin définitivement aux 35 heures qui furent une arnaque à l'encontre des personnels soignants. Il faudra bien sûr que nous nous engagions à ne pas couper dans ce ministère car la santé est au fond un domaine qui rappelle à l'homme sa condition mortelle.

Mais bien plus que faire quelques ajustements, nous devrons nous préoccuper de l'avenir durable de nos hôpitaux en les orientant notamment vers la recherche et l'innovation en la matière afin que la France continue pour les années à venir d'être vecteur de nouveautés et de progrès.

Enfin, la lutte contre la fraude sociale, notamment à l'assurance maladie, devra être une de nos priorités.

La jeunesse

François Hollande voulait être jugé sur ses résultats en matière de jeunesse, il ne sera pas déçu ! Arrivé aux commandes de l'Etat en 2012, il a mis en place une série de mesurettes, à l'image des emplois d'avenir qui aujourd'hui n'ont toujours pas réduit le chômage des jeunes ! Cela n'a rien d'étonnant car ces emplois d'avenir n'avaient absolument rien avoir avec l'avenir puisqu'ils n'étaient pas prévus à long terme. Ce qu'il faut aujourd'hui, c'est prévoir une vaste réforme de la formation professionnelle afin que de nombreux autres jeunes choisissent cette voie d'excellence qui débouche plus facilement vers un emploi. Aussi, il faut réparer l'ascenseur social qui est arrêté depuis que François Hollande enterra les internats d'excellence. Les internats d'excellence envoyaient un formidable message d'espoir à la jeunesse car ils disaient que d'où que l'on vienne, il est possible de réussir par le travail. Aujourd'hui, c'est donc un message de désespoir que la gauche envoie à la jeunesse, particulièrement aux plus défavorisés. De la même manière, qu'est-ce que François Hollande a fait pour les quartiers sensibles ? Rien. Souvenez-vous qu'en 2012 il déclarait qu'il fallait leur apprendre ce qu'était le plan Marshall. A l'heure actuelle, il continue de les traiter avec le même mépris car il n'a pris aucune mesure pour les quartiers. A l'inverse, Nicolas Sarkozy a été le Président de la Ve République qui a mis le plus d'argent dans les quartiers, à hauteur de 45 milliards d'euros sur 5 ans pour des vastes plans de rénovations. Comme toujours, il y a ceux qui parlent et ceux qui agissent.

Environnement

En matière d'environnement, bien loin des clichés que représente le parti écologiste – qui n'a d'écologie que le nom, et dont ses membres n'ont qu'un souhait, entrer au gouvernement – nous devons conceptualiser une vision nouvelle et audacieuse de l'écologie. Penser l'écologie, penser l'environnement comme un atout , Comme un outil au service de l'humanité plutôt que de s'en servir comme prétexte à l'immobilisme. Prenons l'exemple du gaz de schiste. La plupart des experts sont favorables à son exploitation. Alors pourquoi s'y opposer ? Encourageons donc tous les vrais écologistes qui ne sont pas animés par une vision opportuniste et idéologique de l'écologie, encourageons le combat de Maud Fontenoy qui a rejoint notre président Nicolas Sarkozy et *les Républicains*.

Sport

Comme le rappelle souvent notre Président, le sport fut un domaine trop longtemps oublié dans les programmes de notre famille politique. Néanmoins, Nicolas Sarkozy l'a toujours considéré. C'est d'ailleurs lui-même, sportif confirmé, qui est venu défendre l'organisation de l'Euro 2016 en France, ce qu'il a obtenu.

Il faudra donner plus de moyens à nos sportifs de toutes catégories. Quelle n'est pas notre fierté de voir défiler devant le monde entier, nos athlètes brandissant notre beau drapeau tricolore ? Quelle n'est pas notre joie lorsque nos athlètes remportent une médaille, ou lorsque notre équipe nationale de football nous fait vibrer lors de la coupe du monde ?

La vérité, c'est que seul le sport est capable d'unir toute une population, encourageons donc sa pratique !

L'art

L'art d'aujourd'hui est le spectacle vivant

de demain ! Si nous ne voulons pas que nos descendants parlent du XXIe siècle comme une pâle copie du XXe, il nous faudra nous atteler davantage à encourager les projets artistiques novateurs. Il paraît évident qu'avec l'apparition de la photo, l'art pictural dut être totalement repensé. Certaines œuvres qui nous paraissent hallucinantes de nos jours seront peut-être les chefs-d'œuvres qui feront demain se déplacer le monde entier ! Mais bien sûr, il ne s'agit pas de faire de l'art une vulgaire provocation – à l'image des honteuses expositions qui ont régulièrement lieu à Versailles – mais au contraire nous, *les Républicains* devons faire vivre cette vision d'un art qui construit l'avenir sans insulter le passé et qui dans le même temps sera métaphore de notre société.

Culture, patrimoine et identité

La culture, le patrimoine, et l'identité sont des notions intimement liées. Bien plus, elles sont interdépendantes !

Beaucoup de Français ressentent le

douloureux sentiment de ne plus être écoutés, le triste sentiment de ne plus pouvoir contempler et reconnaître la grandeur de la France. C'est cela la crise d'identité que nous traversons. Ce sentiment est fondé et il est surtout réel. Seulement, dans ce domaine qui touche plus les sens et les impressions, les propositions ne peuvent se faire par un règlement, un décret ou une loi, mais c'est uniquement un sentiment commun que nous devons partager. C'est là que réside toute la difficulté ! Ce problème, Nicolas Sarkozy s'en est saisi très tôt et avait voulu lancer sous son quinquennat un débat sur l'identité nationale qui fut malheureusement caricaturé, mais il a le mérite d'avoir été tenté. Pourrions-nous retenter cette expérience aujourd'hui ? La difficulté en ces temps de colère est de ne blesser personne, et depuis son retour Nicolas Sarkozy y est très attentif. Toutefois, de tels « Etats-généraux » sont plus qu'utiles à la France, pour rappeler à ceux qui s'en prennent à la France qu'elle est grande et qu'elle vient de loin, et à ceux qui ne se sentent plus Français que nous voulons leur faire retrouver ce sentiment naturel. Comprendre qui nous sommes. Savoir d'où nous venons. Etre fiers de notre grande Histoire pour faire vivre notre identité, exporter à travers le monde notre culture et notre patrimoine.

Les questions sociétales

Concernant les questions sociétales, Nicolas Sarkozy dès son retour en septembre 2014 avait affiché sa ferme volonté de ne blesser personne sur ces sujets, mais avec force il s'est prononcé pour la réécriture de la loi Taubira. Et par « réécriture », il entendait bien évidemment une abrogation de fait puisque qu'en droit Français la loi nouvelle remplace l'ancienne ! C'est ce que l'on appelle une « abrogation tacite », alors ce faux procès qu'on lui fit pour son prétendu manque de clarté à ce sujet ne fut absolument pas justifié ! Ainsi, dès 2017, il nous faudra réécrire ladite loi nouvelle en remettant notamment l'enfant au centre de notre considération.

Enfin, concernant le débat sur la fin de vie, là encore il faut se garder de grandes déclarations mais simplement défendre le caractère sacré de la vie, principe transcendant à notre propre personne humaine. Si nous ne le faisons pas, qui le fera ?

Remettre l'autorité au cœur de notre société

Il suffit d'observer le plan de table du conseil des ministres pour s'apercevoir du manque d'autorité du gouvernement. Un plan où le ministre de l'Ecologie est placé bien avant celui de l'Intérieur et de la Justice et où ces derniers sont placés bien après le ministre de l'Education ! Cela pourrait paraître anecdotique, mais c'est là le cœur même de la conception du pouvoir par les socialistes. Le laxisme est leur maître-mot.

Mais tout commence par l'éducation où le goût d'apprendre doit être remis au cœur même du système éducatif. La solution, encourager ceux qui travaillent le plus au lieu de niveler tout le monde vers le bas comme cela est le cas depuis plus de trois ans. Comment un gouvernement a-t-il pu émettre l'éventualité de supprimer les notes ? Comment un gouvernement a-t-il pu vouloir s'inspirer d'humoristes pour élaborer des programmes scolaires ? Où est le sérieux, où est l'autorité ?

Il faut que soit gravé dans le marbre les signes élémentaires du respect envers la personne du professeur et les élèves d'où qu'ils viennent doivent se lever lorsqu'un adulte entre dans la salle de cours. L'absentéisme scolaire doit aussi être sévèrement réprimandé, y compris d'un point de vue économique ! De la même manière, la grandeur de la France, de son histoire – qui a commencé bien avant 1789 – doit être apprise aux jeunes Français. Là encore, comment a-t-on pu supprimer nos grands rois qui ont fait la France des manuels d'Histoire ?

Aussi, le professeur ne doit pas être en classe uniquement pour dispenser son savoir, il doit aussi accompagner les élèves. C'est ce qui fut fait dès 2010 avec la réforme du lycée qui prévoyait des heures d'accompagnements personnalisés. Mais il faut aller encore plus loin en appliquant ce que proposait Nicolas Sarkozy lors de la campagne de 2012, une augmentation de salaire des professeurs en contrepartie d'heures de présence hors des cours pour être à l'écoute des élèves.

C'est par ces voies que nous réussirons à refonder notre école.

Rétablir la justice fiscale

François Hollande l'avait promis en 2012, les impôts n'allaient être destinés qu'aux riches ! Ainsi, le quinquennat de François Hollande aura été très utile en ce sens où nous aura permis de découvrir qu'un riche pouvait gagner moins de 2000 € par mois ! En effet, c'était surtout sur les classes moyennes que François Hollande allait faire peser tous les impôts qui ont assailli les Français depuis 2012. Non seulement François Hollande a menti en faisant croire aux classes moyennes que c'était seulement les plus riches qui allaient payer, mais en plus ces impôts n'ont pas permis de restructurer les dépenses de l'État afin de faire fonctionner les mécanismes nécessaires à la réduction des déficits publics. Non, les impôts mis en place par la majorité socialiste ont simplement servi à masquer leur manque de réforme, alors même qu'ils auraient pu servir à rééquilibrer le budget de l'État. Comment François Hollande va-t-il expliquer aux Français qu'il les a assailli d'impôts pour rien ? Mais tout va bien, François Hollande a annoncé pour 2017 – comme un heureux hasard – une "pause fiscale" ! Les français ne seront pas dupes...

Retraites

Parce que les réformes les plus importantes ne sont pas nécessairement les plus difficiles à mettre en œuvre, il est des mesures simples qu'il nous faudra prendre qui changeront réellement la vie quotidienne de nos concitoyens. Nicolas Sarkozy avait proposé en 2012 que les retraites soient payées le 1er de chaque mois. Appliquons simplement cette proposition qui rendrait service à de nombreux ménages de retraités !

Mais pour être en mesure de continuer à payer ces retraites, il faudra repousser à 63 ans l'âge de départ en retraite, dans la continuité de la réforme de 2010.

La fonction publique

Les fonctionnaires sont le fleuron de l'Etat, ils le représentent au quotidien devant les administrés. C'est pourquoi notre ambition doit être de posséder une fonction publique avec des agents moins nombreux mais mieux payés et mieux formés pour plus de performance.

Nous avons un devoir de vérité. Alors que Nicolas Sarkozy préparait l'avenir de la France en assurant le non remplacement d'un fonctionnaire sur deux afin de préserver les retraites, François Hollande fit tout l'inverse.

Ce dont la France a besoin aujourd'hui c'est d'une administration efficace et de fonctionnaires mieux valorisés. Nicolas Sarkozy a toujours préféré une fonction publique avec un effectif réduit et de fonctionnaires mieux payés, mieux formés pour de meilleurs résultats. C'était l'esprit de la prime objectif qu'il avait mise en place lorsqu'il était président. Cette prime avait tellement été appréciée – car elle correspondait à une logique de résultats – qu'elle avait même été réclamée par le groupe communiste de la région Haute-Normandie lorsque le la majorité socialiste l'avait supprimée !

Mais, sur cette question cruciale il est nécessaire d'observer ce que font nos voisins. prenons l'exemple de la Grande-Bretagne. Depuis 2011 le gouvernent conservateur a opéré des baisses considérables de la dépense publique en opérant des suppressions de 700 000 postes de fonctionnaires, ce qui a représenté 125 milliards d'euros d'économies entre 2010 et 2015 ! Entre 2009 et 2011, la droite avait amorcé un tournant en réduisant d'un point le pourcentage que représente les dépenses publiques par rapport au PIB. Mais on peut remarquer qu'avec l'arrivée de François Hollande la dépense publique s'est envolée et a atteint son niveau le plus haut en 2014 avec environ 58 % du PIB, son taux le plus haut depuis 35 ans ! Il faut donc mettre un terme à cette folie dépensière !

L'agriculture

L'agriculture est un noble métier. Le travail de la terre, le façonnage de notre beau paysage français ou l'exploitation de richesses naturelles font partie intégrante de notre Histoire, de notre patrimoine mais aussi de notre avenir. Mais aujourd'hui ce qui tue agriculture française c'est le poids trop important de normes décidées par des personnes qui ne connaissent ni ne comprennent l'agriculture. L'agriculture souffre également d'un manque flagrant d'harmonisation de sa politique commune. Une réforme de la PAC est inévitable, afin d'ajuster les exigences qui pèsent sur les États membres. Pour cela, il faut un leadership fort de la France pour la faire peser en Europe, ce qui, aujourd'hui n'est pas gagné ! Mais par-dessus tout, il nous faut rétablir l'unité des agriculteurs. L'unité en favorisant le développement de coopératives locales qui leur feront gagner du crédit dans les négociations avec la grande distribution. Réduire les normes, réformer la politique agricole commune et rétablir l'unité des agriculteurs. Voilà comment nous protégerons notre agriculture.

Institutions

Concernant les institutions, instaurer une dose de proportionnelle s'avère nécessaire pour répondre aux attentes de représentation des Français. Il s'agit d'une dose et non pas d'une proportionnelle intégrale qui se révélerait être un cadeau fait au Front national. Un cadeau car, si l'Assemblée nationale n'est composée que de députés élus au suffrage proportionnel et non pas au suffrage universel, aucun parti n'émergera, les lois peineront à être adoptées, les gouvernements qui se succéderont ne seront pas stables car ils pourront tomber à tout moment et la France sera donc ingouvernable. Voulons nous retourner aux heures de la IIIe et de la de la IVe République ?

Instaurer la proportionnelle intégrale aux élections législatives comme le propose le Front National est donc une folie !

Conclusion

Avant même de réformer, il faudra nous faire « *une certaine idée de la France* », telle que nous l'enseignait la célèbre formule du Général de Gaulle.

Oui, les Français doivent être fiers de la grande Histoire qui est la notre, de ses grands rois, de ses grands hommes. Non, la France ne doit pas se sacrifier sur l'autel de la bien-pensance en s'excusant sans cesse de certains errements du passé. Assumer, être fier, mais aussi apprendre du passé, voilà la tâche qui nous incombe.

Si nous partageons l'idée que Renan se faisait d'une nation, nous aurons accompli un grand pas vers le rassemblement tant nécessaire du peuple Français ! Si, nous, les Républicains, trouvons le moyen de rendre fier tout Français d'où qu'il vienne, si nous trouvons le remède à nos maux identitaires et si chacun sait identifier ce qu'est la France avant d'imaginer l'avenir, alors nous redonnerons à tous l'incommensurable fierté d'appartenir à notre grand et beau pays.

Pour ce faire, il faudra que nous, *les Républicains*, nous battions de toutes nos forces contre l'innommable pensée unique qui empoisonne le débat public depuis trop longtemps ! Il nous faudra réparer les fautes du gouvernement socialiste mais aussi être conscient de nos propres errements afin d'incarner l'alternance. Mémoire, fierté et partage de nos valeurs, voilà la clé du salut ! Nos valeurs de liberté, d'égalité, de fraternité et de laïcité. Alors que les socialistes les usent comme des invocations qu'ils réciteraient devant l'autel de la République, nous, *les Républicains*, les ferons vivre !

Soyons capables d'incarner la liberté à travers l'envie d'entreprendre, en refusant ses dérives.

Soyons capables d'incarner l'égalité en

offrant à chacun la chance de se construire un avenir meilleur, tout en combattant l'égalitarisme qui nivelle vers le bas.

Soyons capables d'incarner l'esprit de fraternité en ne laissant personne sur le bord du chemin, mais sans promouvoir l'assistanat qui ôte à chaque individu le goût du travail et de l'effort.

Enfin, parce que la France mérite que nous la défendions, soyons capables d'incarner la véritable laïcité Française, pont entre l'acceptation et la fierté de nos racines et le vivre ensemble si nécessaire à notre société, sans louer le laïcisme qui ne conduit qu'à une chose, la détestation de nous-mêmes !

Alors, chers lecteurs, peut-être que vous plussoirez à chacune des propositions énoncées dans ce livre, ce sera une raison de plus pour rejoindre *les Républicains* ! Peut-être que la situation de la France vous poussera à vous engager, ce sera encore une raison pour rejoindre *les Républicains*. Peut-être même que vous avez été déçu par la politique, sans doute que vous voulez orienter l'action publique vers les plus nobles aspirations, ce sera une raison bien plus grande encore de s'engager car comme le clame souvent avec force Nicolas Sarkozy, « *c'est de l'intérieur que l'on change les choses !* ».

Une chose est sûre, *les Républicains*, forts de leur énergie retrouvée, n'ont pas fini de faire entendre leur voix !

Oui, l'alternance est bel et bien en marche et plus rien ne l'arrêtera ! Alors rejoignez le mouvement en invitant tous les déçus de la gauche, tous ceux qui veulent redresser notre pays, à adhérer, puis en militant de toutes vos forces, de toute votre âme pour faire triompher notre idéal et qu'enfin nous réformions notre beau grand pays, la France !

Maxence Trinquet

Du même auteur

- « ABCD'R du sarkozysme – Nicolas Sarkozy en 26 discours » éditions BoD, juillet 2015
- « Aidez-nous, la France a besoin de vous ! – Lettre à Nicolas Sarkozy », éditions BoD, juin 2014.

Liste des sources

p19, http://www.huffingtonpost.fr/2015/05/15/nicolas-sarkozy-bichonne-militants-ump-preuve-par-trois_n_7289486.html

p23, http://www.huffingtonpost.fr/2014/11/30/nicolas-sarkozy-tf1-20-heures-ump-politique_n_6243936.html

p32, http://www.ladepeche.fr/article/2015/03/23/2072604-valls-ni-ni-ump-est-faute-morale-politique.html

p37, document de campagne de François Hollande.

p44, http://lci.tf1.fr/politique/elections-presidentielles/melenchon-et-joly-appellent-a-voter-hollande-7182435.html

p44, http://www.vie-publique.fr/discours/selection-discours/laicite-positive.html

p 45, http://www.challenges.fr/france/20150420.CHA5111/hollande-les-lyceens-et-dieudonne-sur-canal-plus-une-faillite-republicaine.html

p 46, http://www.publicsenat.fr/lcp/politique/valls-provoque-un-incident-lassemble-attaquant-droite-terrorisme-335006

p48, http://www.lefigaro.fr/vox/societe/2014/04/17/31003-20140417ARTFIG00288-surpopulation-carcerale-pourquoi-il-faut-construire-30-000-places-de-prison.php

p56, http://www.20minutes.fr/economie/1550247-20150226-deficit-nouveau-delai-accorde-bruxelles-bonne-nouvelle-france

p72, p73 Challenges, n°426 – 26 mars 2015